软萌图!!

飞乐鸟工作室 著

随手画都可爱的简笔画

中国水利水电出版社
www.waterpub.com.cn
·北京·

图书在版编目（CIP）数据

软萌圆，随手画都可爱的简笔画！ / 飞乐鸟工作室著. -- 北京 : 中国水利水电出版社, 2019.1 (2021.3重印)
ISBN 978-7-5170-7323-9

Ⅰ. ①软… Ⅱ. ①飞… Ⅲ. ①简笔画一绘画技法 Ⅳ. ①J214

中国版本图书馆CIP数据核字(2019)第007104号

书　　名： 软萌圆，随手画都可爱的简笔画！
RUAN MENG YUAN, SUISHOU HUA DOU KEAI DE JIANBIHUA!
作　　者： 飞乐鸟工作室　著

出版发行： 中国水利水电出版社（北京市海淀区玉渊潭南路 1号 D 座　100038）
网址：www.waterpub.com.cn
E-mail:sales@waterpub.com.cn
电话：（010）68367658（营销中心）
企　　划： 北京亿卷征图文化传媒有限公司
电话：（010）82960410、82960409
E-mail:service@bookexplorer.cn
经　　售： 全国各地新华书店和相关出版物销售网点

印　　刷： 北京宝隆世纪印刷有限公司
规　　格： 170mmx230mm　16开本　8印张　190千字
版　　次： 2019年 3月第 1版　2021年 3月第 9次印刷
定　　价： 36.80元

前 言

PREFACE

怎样简单又快速地画出可爱的画作呢，看这本书就对了！不管是身边的日常物品，还是不同特征的动物和人物，这本书都能让你看完就会画。

本书通过多个章节分别讲述了常用工具和简笔画基础知识、日常物品、可爱的动物、人物以及简单的花体字和创意边框，最后还为大家附上了简笔画涂色素材。本书画风可爱、有趣，书中的教学采用了简单易懂的方法，适合对手绘有兴趣，希望将绘画运用在实际生活中的读者朋友们。

书中还有简单有趣的手工制作和场景拓展，让大家在学会可爱的简笔画之后能够将它们都利用起来。不多说了，让我们拿起画笔，一起来画出这些软萌圆的简笔画吧！

飞乐鸟工作室

目录

CONTENTS

第一章

可爱简笔画的基础

第二章

日常也要萌萌哒

第三章

可爱动物合集

第四章

一切都非常可爱

第五章

萌萌的字体与边框

附录

第一章

可爱简笔画的基础

从基础开始练习，掌握将简笔画变得更加可爱的小技巧，一起画出萌萌的简笔画吧！

1.1 工具介绍

（用这些工具来绘画）

给简笔画勾线的工具非常多，让我们认识一下吧！

淘宝扫码获同款画材
下单享图书用户折扣

啫喱笔

防水不渗墨，用它可以画出非常顺畅的线条。

勾线笔

不同粗细的笔搭配使用，可以画出漫画的感觉，还可以在光滑的纸面上轻松作画。

圆珠笔

很耐用，适合随身携带用来涂画。

彩色针管笔

笔触纤细适合勾画，不会渗透纸张，满足多种书写及绘画需求。

实用的上色工具

用这些画笔让简笔画变得色彩纷呈吧！

马克笔

色彩艳丽，在颜色重叠时会有痕迹，适合平涂。

彩色铅笔

色彩柔和，可以反复叠加，画出毛茸茸的感觉。

记号笔

颜色鲜艳具有透明性，粗细双头可画不同线条。

水彩笔

色彩鲜艳清爽，笔触流畅宜上手。

1.2 线条和图形

直线和曲线

线条到底画直线还是曲线呢？下面展示一下直线和曲线不同的效果。

直线

彩色直线

直虚线

装饰直线

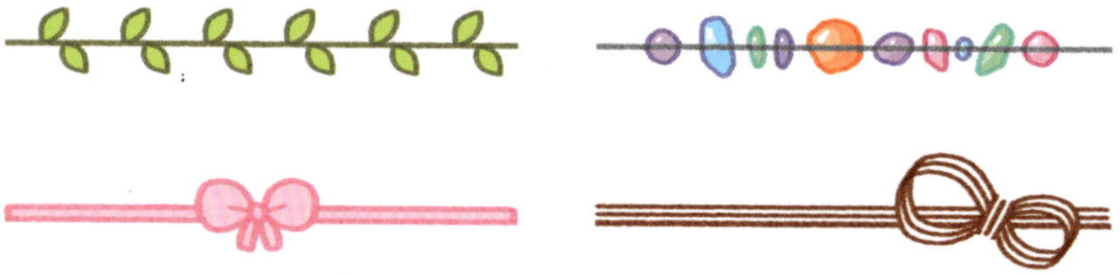

曲线

彩色曲线

圈曲线

装饰曲线

粗细大不同

线条的粗细也能影响简笔画的可爱程度哦！

粗细不同的
直线和曲线

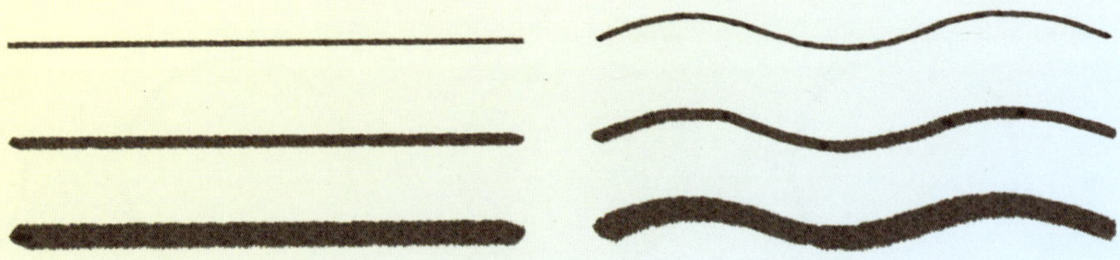

使用细线需要描绘更多细节，使物品偏写实而不可爱。

画画要找准适合物品或者画面的线条粗细。

使用粗线可以概括部分细节，但粗线会使物品显得粗糙。

饱满的圆形

地球都是圆的，还有什么不能用圆形来表现呢？

正圆形

团子圆

长椭圆

一起动动手

在圆形上画出各种小动物或者物品吧！

沉稳三角形

牢固的三角形怎样才能变得可爱呢？

正三角形

倒三角形

正团三角形

倒团三角形

一起动动手

在三角形上画出各种小动物或者物品吧！

方形大冒险

规规矩矩的方形也能变得可爱。

正方形

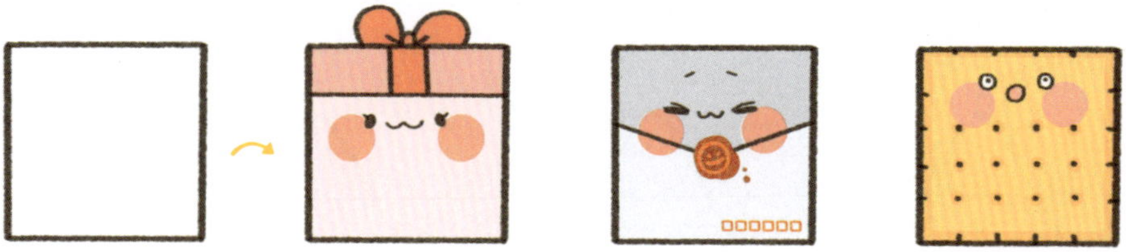

圆角正方形

团方形

圆角长方形

一起动动手

在方形上画出各种小动物或者物品吧！

多样的填充

用不同的点线和形状进行组合，就能画出新的图案啦！

基础点线

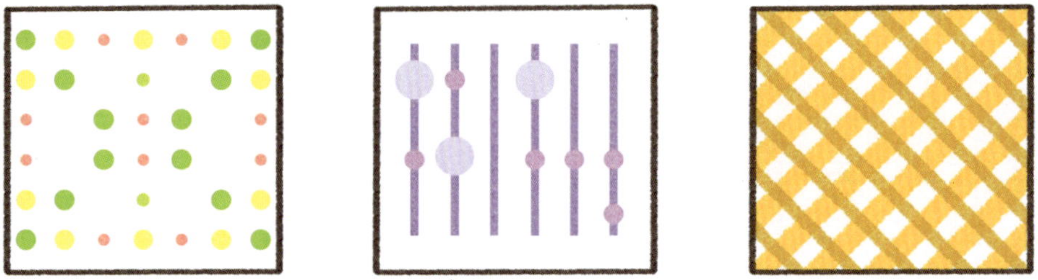

点线变化

底色变化

一起动动手

用各种图案来填充正方形吧！

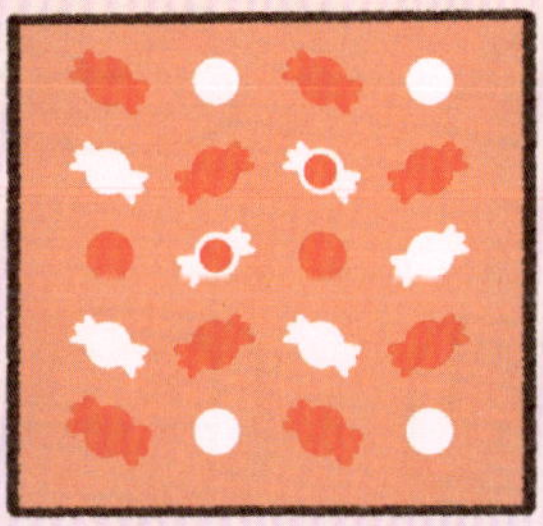

1.3 变可爱的技巧

线条要圆润

在线条的基础上把边角用圆弧来代替，使物品变得圆润可爱吧！

把生硬的边角变得柔和。

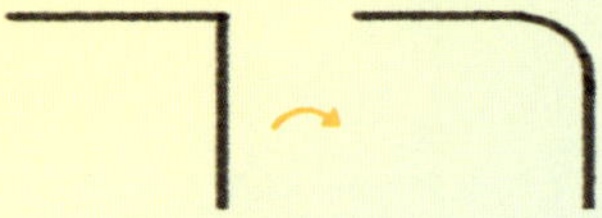

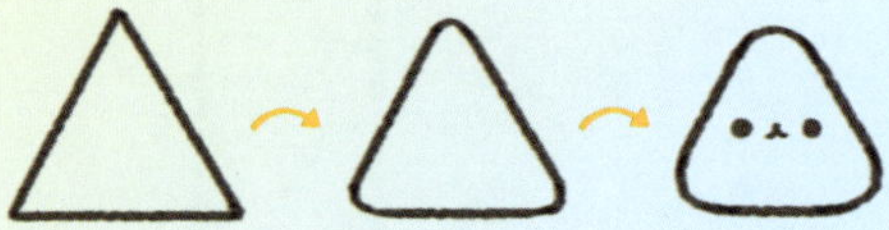

信封

热带鱼

松树

房屋

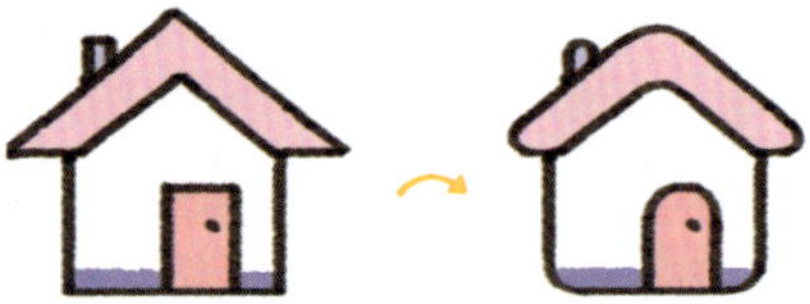

将直线都画出一点点弧度。

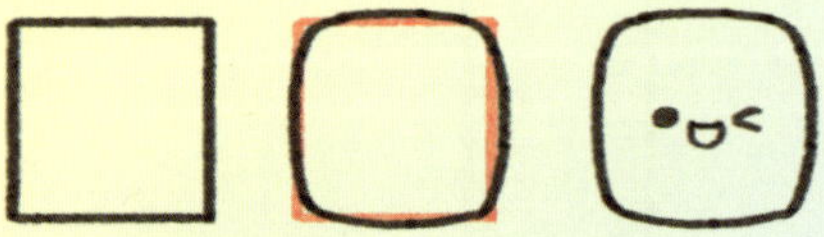

板凳

西瓜

三明治

巴士

把物品简化

适当地简化也能让手绘物品变得可爱哦！

火龙果

礼盒

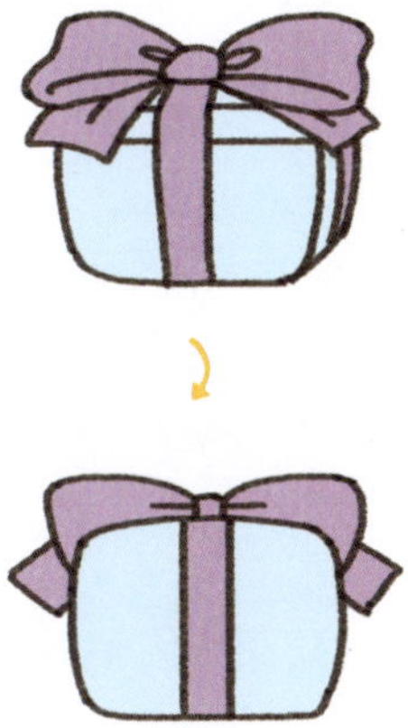

吉他

花束

大本钟

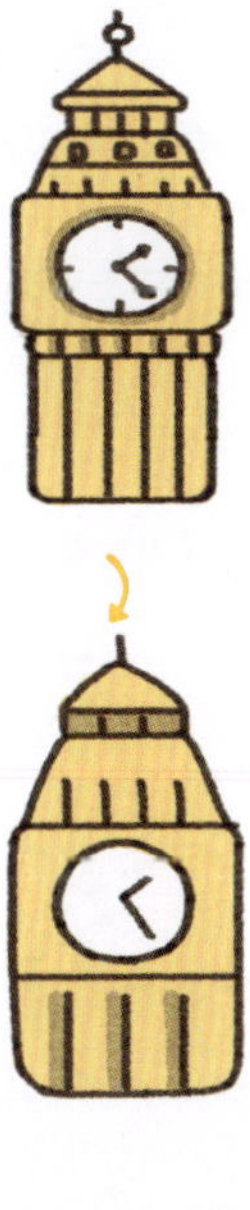

咖啡店

用表情拟人

给物品加上表情，感觉就不一样了呢。

普通的方形　　可爱的方形　　拟人的方形

眼睛　　嘴巴　　腮红

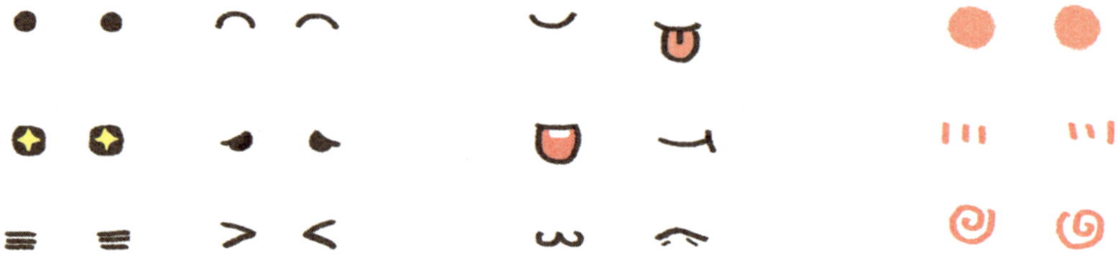

将表情放在不同的位置就有不同的效果哦！

中间　　下方　　上方

一起动动手

给身边各种物品和小动物画上表情吧！

符号添氛围

适当的符号能给画面增添氛围喔！

开心

震惊

心动

晴天霹雳

心灰意冷

闪亮登场

萌短超可爱

在保留原有特征的基础上改变比例就能变可爱。

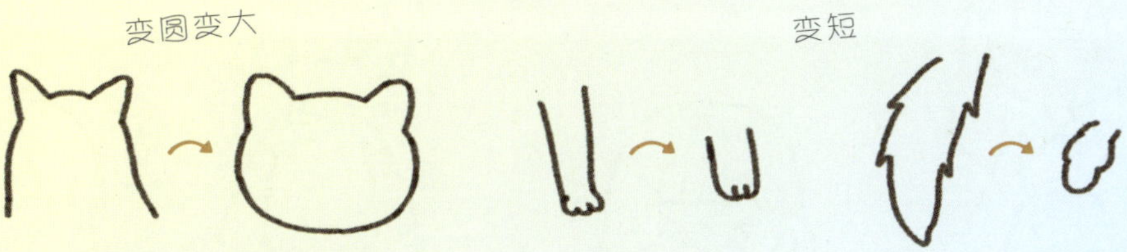

	实拍	等比例手绘	萌短手绘
橘猫			
哈士奇			
猫头鹰			

三头身
二头身
三头身
二头身

用小动作萌翻你

简单的动作放在各种人物和动物的身上都非常可爱。

画人物动作可以先从最简单的火柴人开始！

ZZ

第二章

日常也要萌萌哒

两三笔就可以画出身边的可爱之物，让我们用
简笔画来记录甜甜的日常吧！

2.1 宅在家里很开心

画一画家具家电

实用又可爱的家具家电会给人带来满满的幸福感。

扫码看视频

凳子

吹风机

电脑

吸尘器

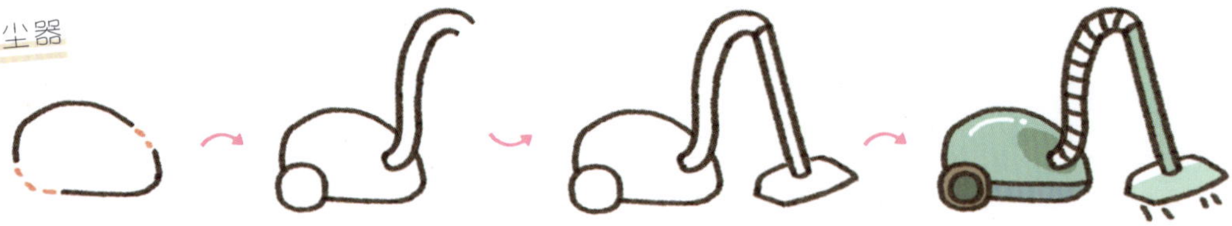

电风扇

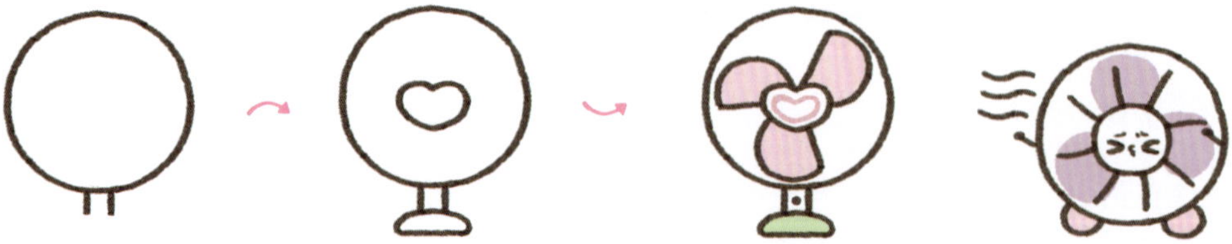

微波炉

餐桌

床

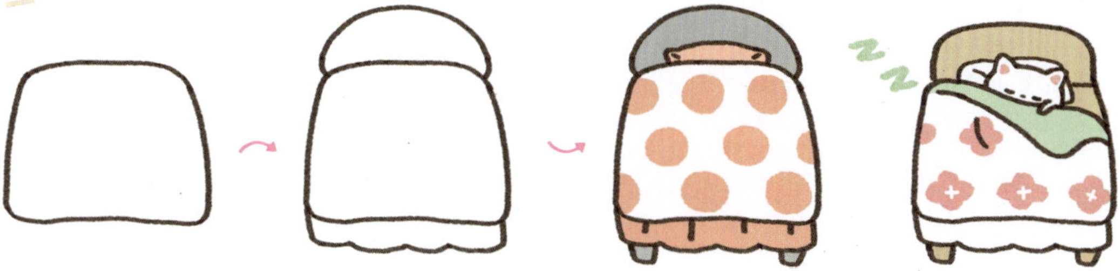

厨房变变变

厨房里有许多可爱的厨具和餐具，来画一画卖力烹饪的它们吧！

汤勺

平底锅

砂锅

电饭锅

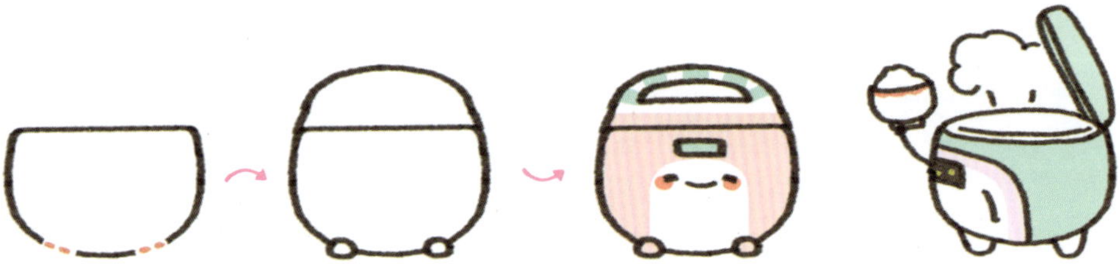

菜板

美妆小工具

认真涂好粉底、打好腮红、画好眼影，再选一只最喜欢的口红吧。化妆可以让人拥有美丽的脸庞和心情，一起来画这些美妆用品吧。

镜子

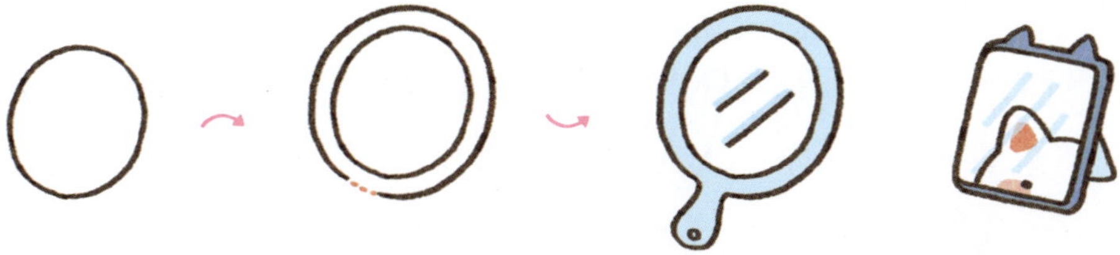

口红

粉底

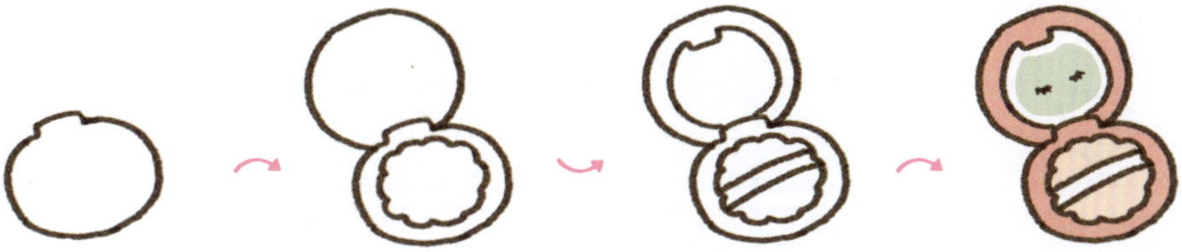

眼影

香水

打开文具盒

精美的文具带给我们写写画画的无穷动力，拥有它们是一种幸福。

铅笔

便利贴

订书机

笔袋

笔记本

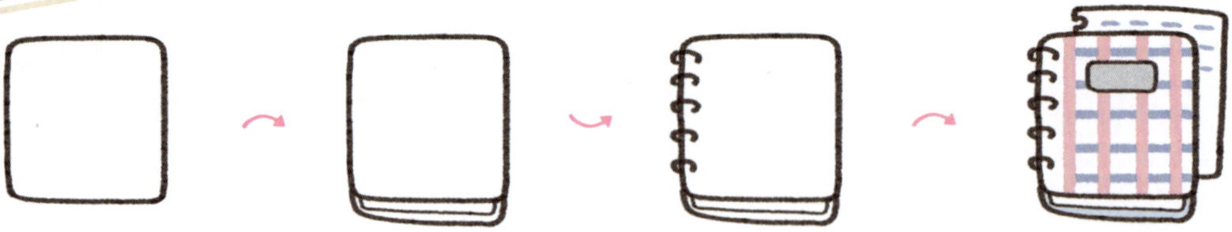

文件夹

尺子

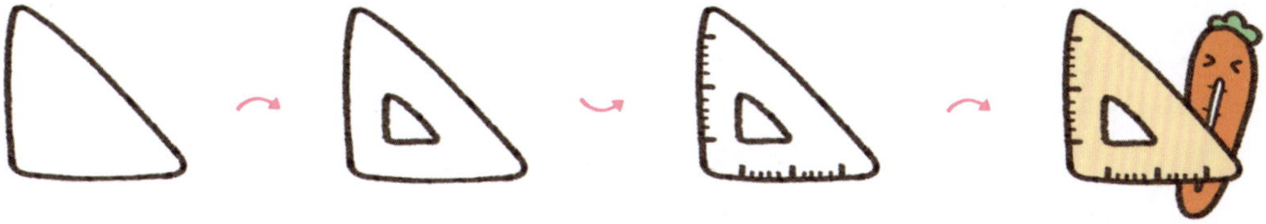

剪刀

纸胶带

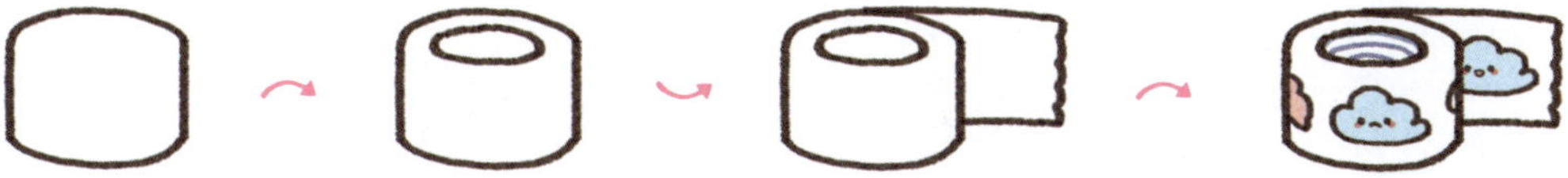

手帐本

我的小花园

这个世界因为一花一草的存在而变得更加美好，让我们记录下小小花园里静静盛放的时刻吧！

四叶草

小雏菊

樱花

蒲公英

郁金香

牵牛花

玫瑰花

多肉

芦荟

花环

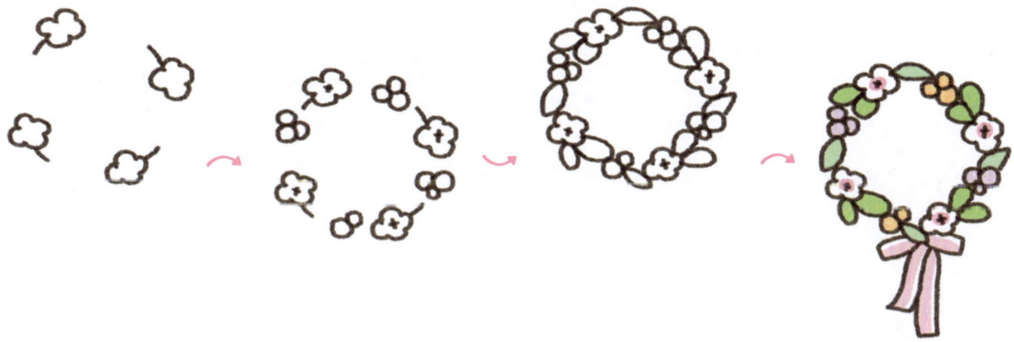

2.2 萌翻天的美食

新鲜的蔬果

为我们带来营养和健康的蔬菜水果，慢慢享用它们吧！

白菜

番茄

花椰菜

辣椒

萝卜

橘子

柠檬

梨

苹果

葡萄

香蕉

西瓜

草莓

饮品真美味

冷饮解渴又凉爽，热饮暖胃又暖心。酸甜的果汁、汽水，醇香浓厚的牛奶、咖啡……你喜欢哪一款美味饮品？

柠檬水

牛奶

酸奶

奶昔

珍珠奶茶

汽水

果汁

拿铁咖啡

美式咖啡

摩卡咖啡

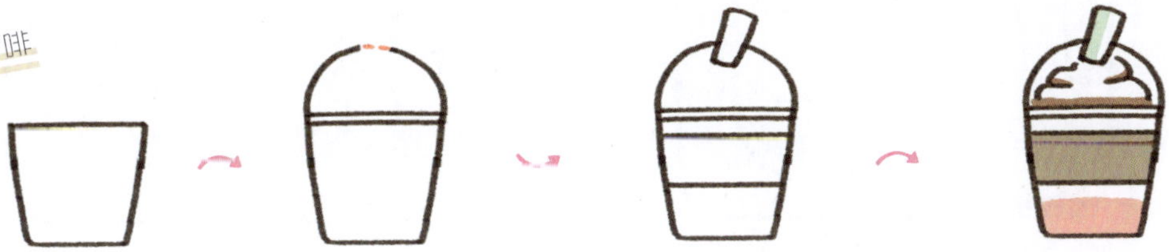

鸡尾酒

啤酒

今日限定

可口冰淇淋

轻轻地咬一口冰淇淋，融化在嘴里的，是让人难以抵抗的甜蜜。色彩缤纷的它们也是高颜值的萌物哦！

冰棍

巧克力脆皮

雪糕

果肉冰棍

甜筒

冰淇淋球

冰淇淋沙冰

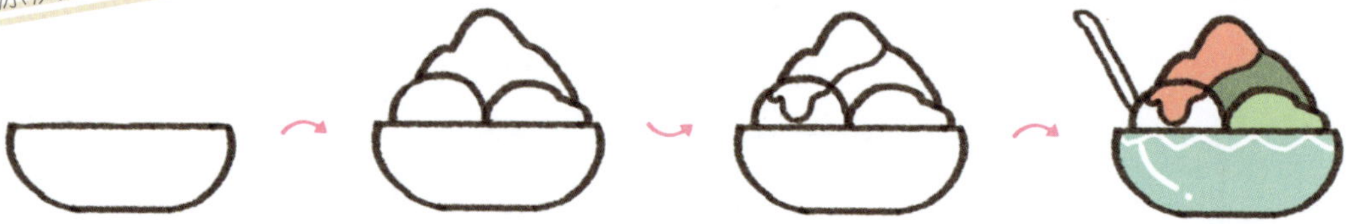

水果冰淇淋

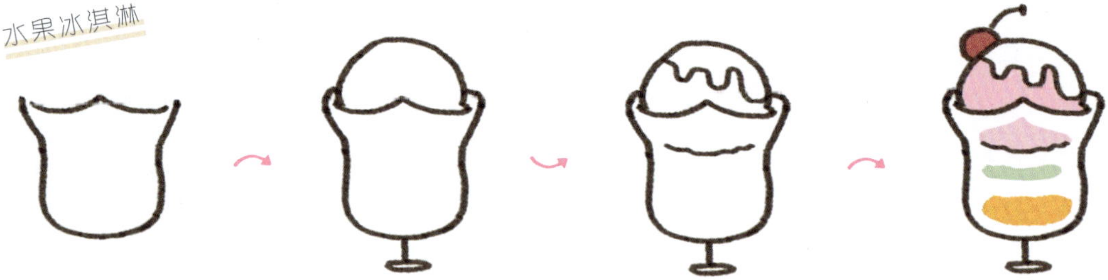

意式冰淇淋

甜甜烘焙坊

无论你喜欢面包还是蛋糕，烘焙坊都可以满足你。
来画一画它们吧！

扫码看视频

吐司面包

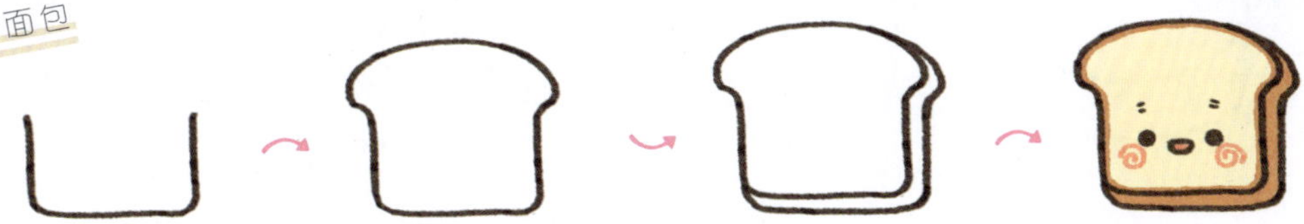

瑞士卷

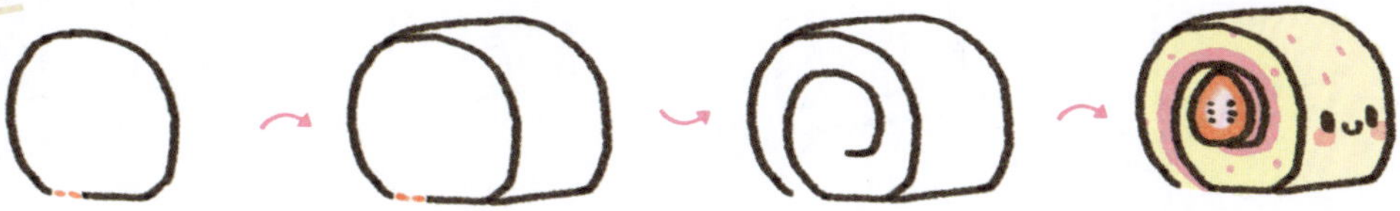

牛角面包

甜甜圈

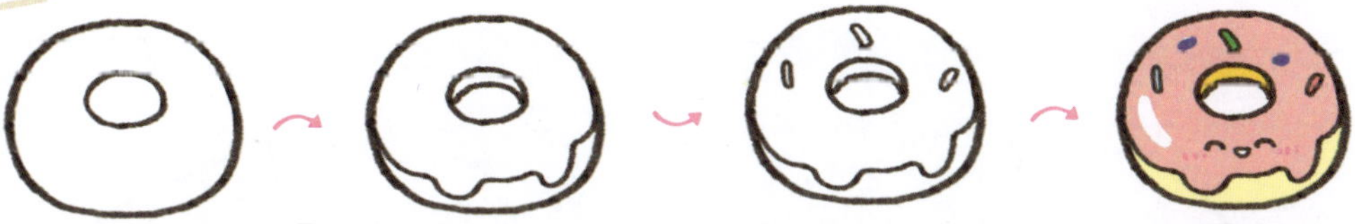

纸杯蛋糕

慕斯蛋糕

提拉米苏

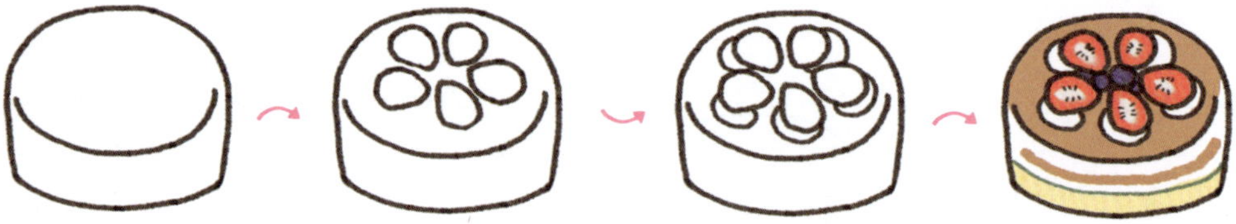

华夫饼

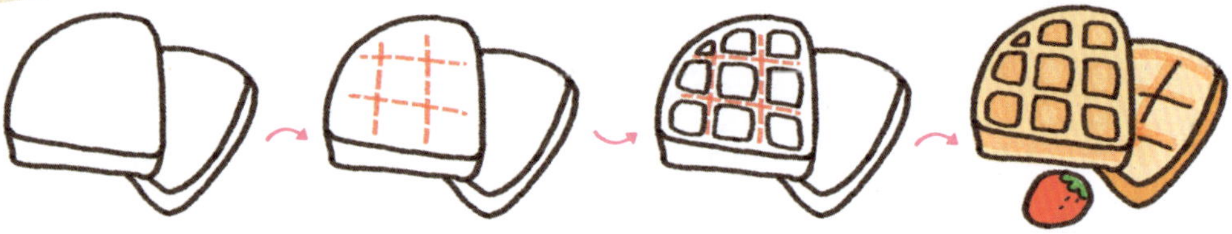

点心

零食杂货铺

买好小零食装进口袋里，储藏最简单的快乐。

水果糖

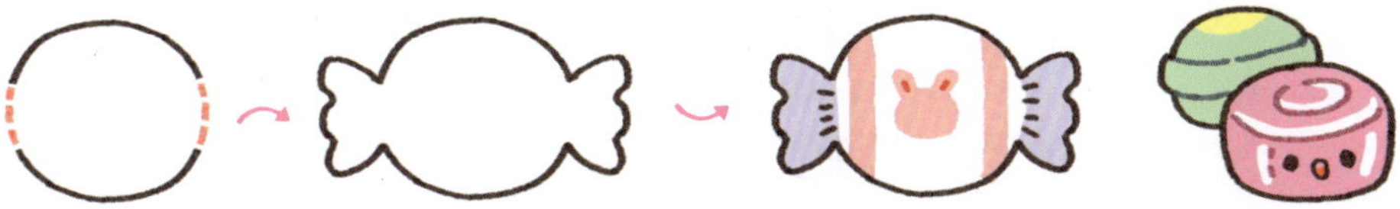

棒棒糖

布丁

果冻

巧克力

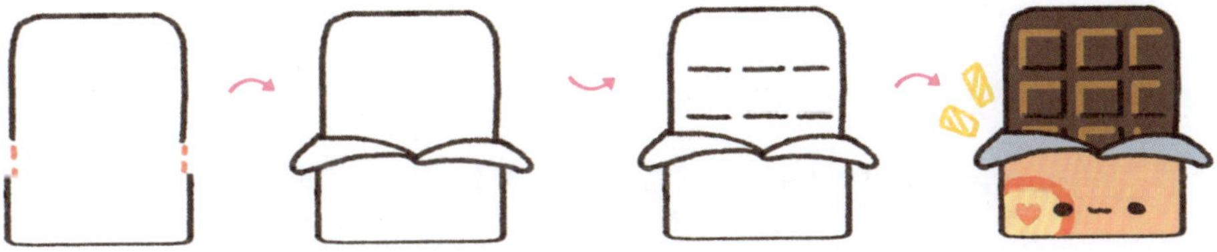

日韩料理

画一画异国的美食吧！日韩料理丰富又独特，爱吃的你一定不会错过。

寿司

章鱼烧

蛋包饭

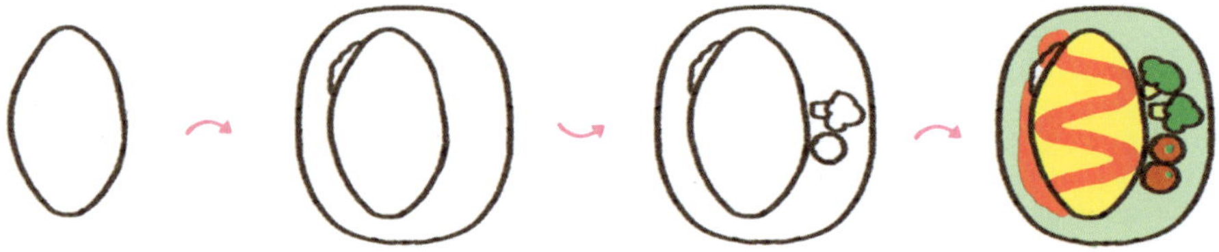

豚骨拉面

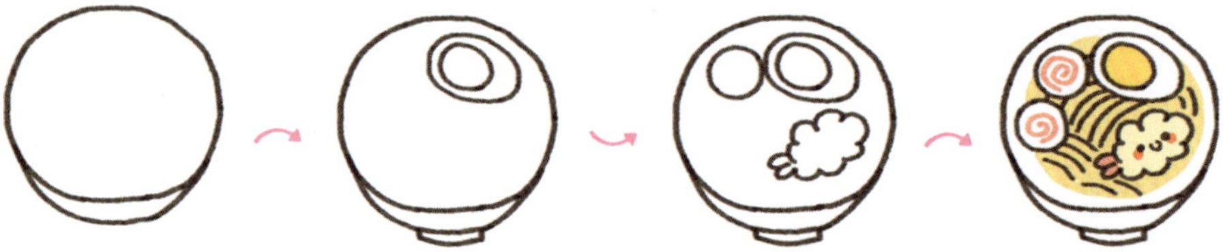

炒年糕

石锅拌饭

烤肉

西式快餐

薯条、汉堡、披萨……好吃的西式快餐真是让人嘴馋。

薯条

汉堡

披萨

热狗

卷饼

中式点心

味道和造型都别具一格的中式点心可爱到舍不得吃掉，那就留在画册里吧。

包子

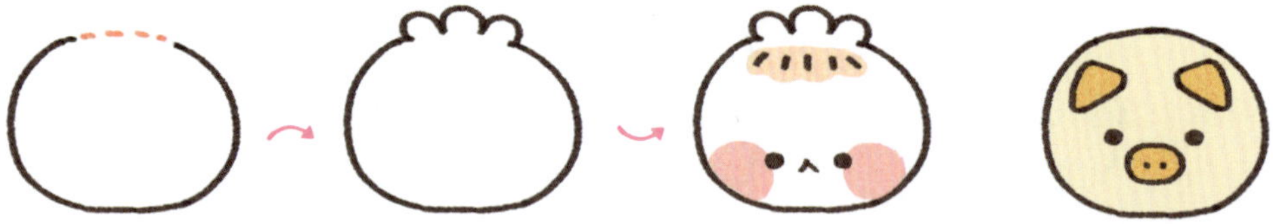

虾饺

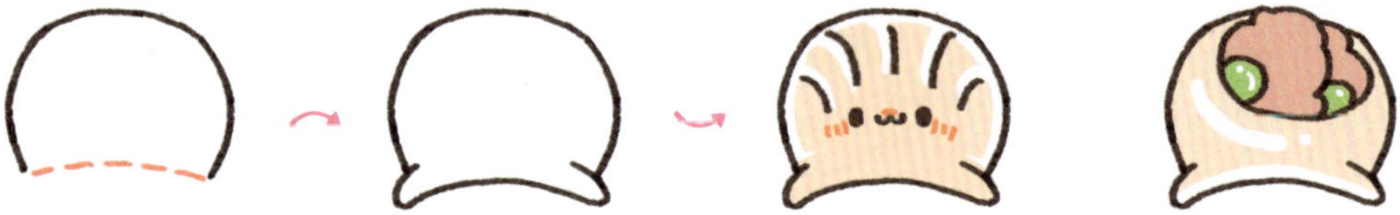

烧麦

桂花糕

叶儿粑

特色夜宵

火爆的小龙虾、酥皮的烤鸭、热腾腾的火锅、香喷喷的烧烤……夜宵时间到！

小龙虾

烤鸭

汤圆

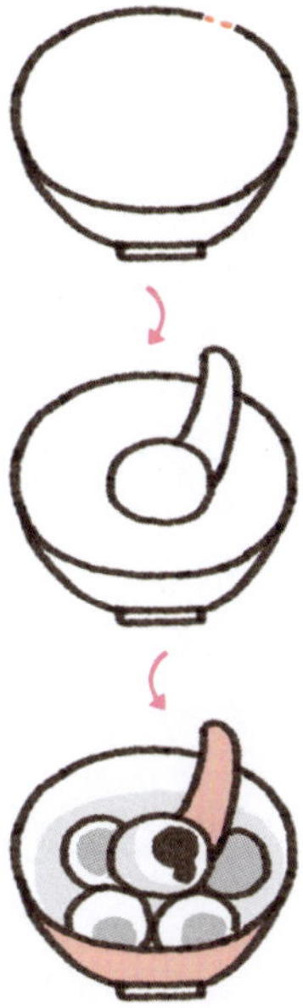

卤菜

2.3 旅行日常

满满的行李箱

把行李箱收拾妥帖是享受一段完美旅程的前提。

行李箱

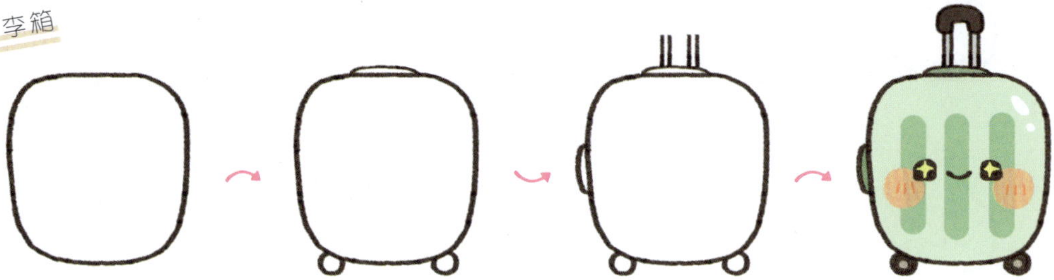

背包

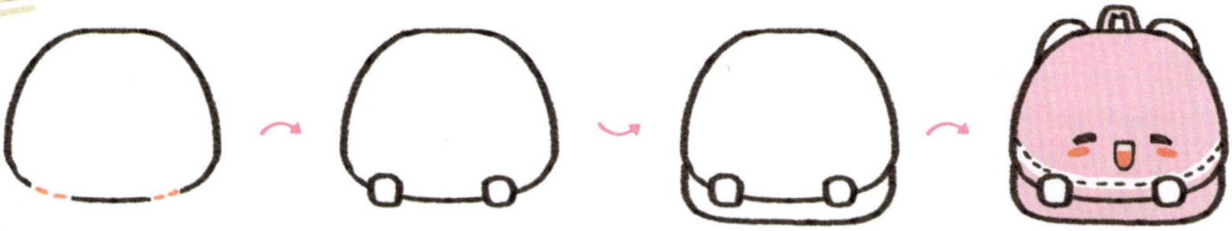

皮箱

钱包

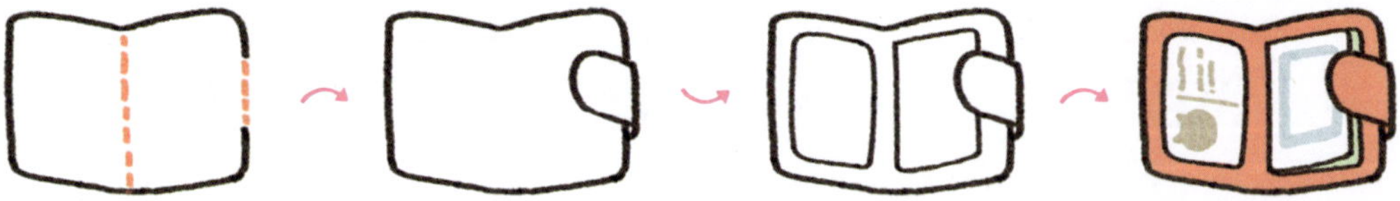

内衣收纳袋

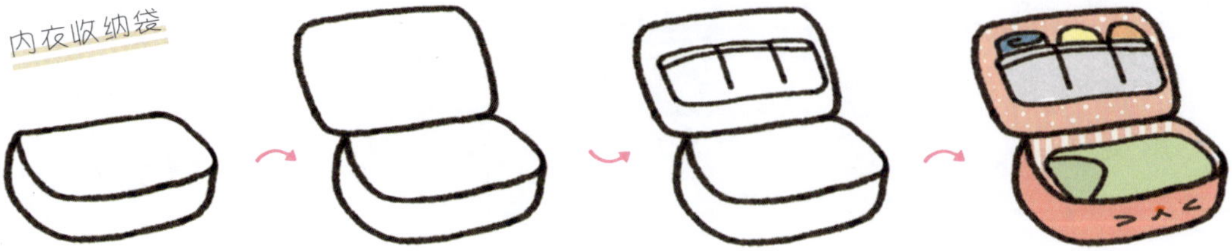

化妆包

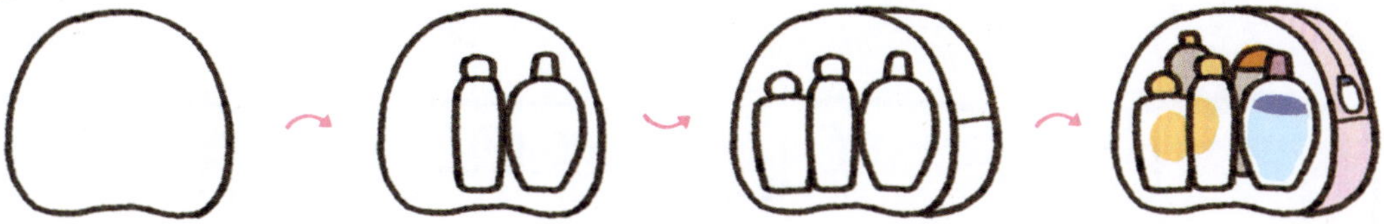

相机

拍立得

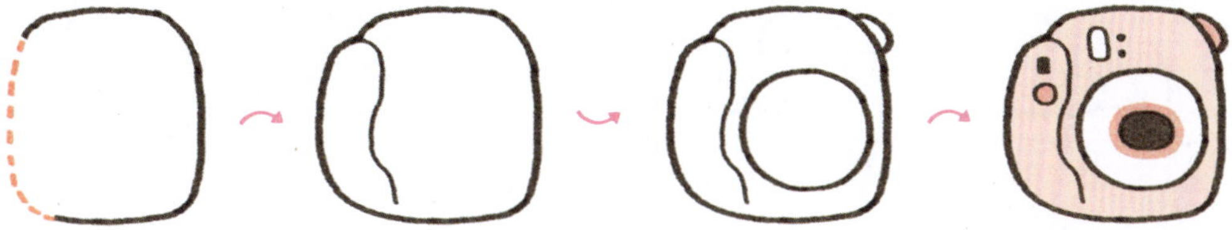

太阳帽

常用的交通工具

可爱的交通工具欢迎你的乘坐，旅途就要开始啦！

巴士

汽车

电瓶车

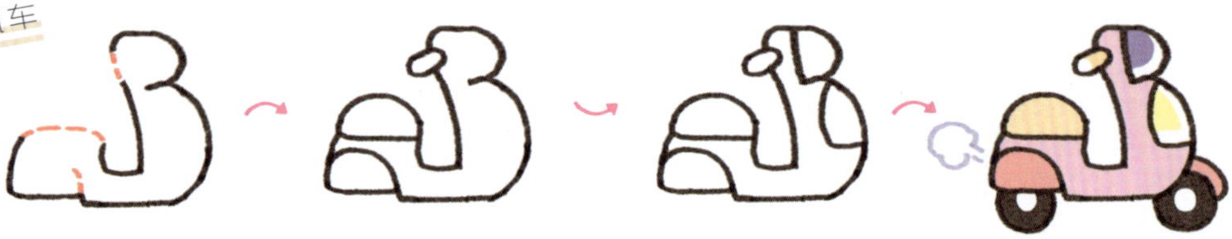

动车

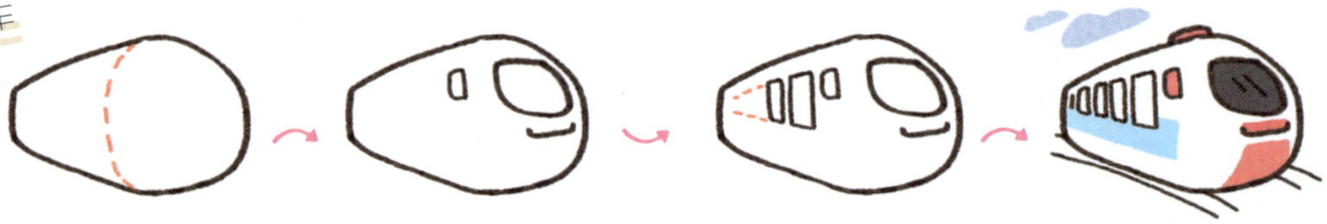

火车

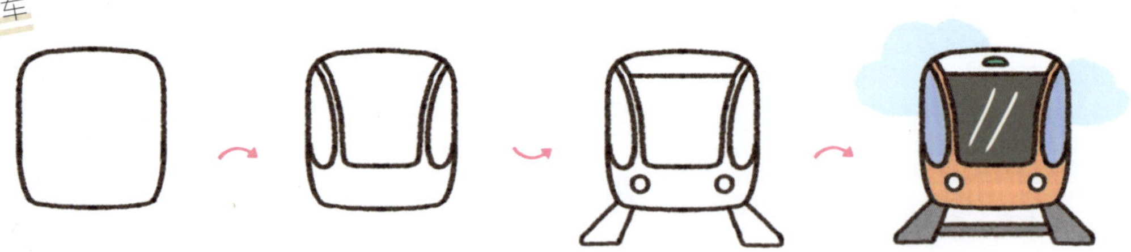

自行车

飞机

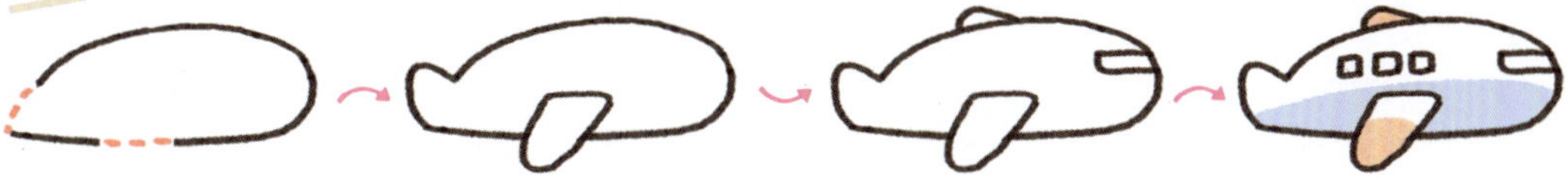

游轮

珍贵的旅行纪念

世界这么大，总想到处去看看，感受各国的风情。旅行结束之后，也别忘了记录下你珍藏的旅行纪念品。

招财猫

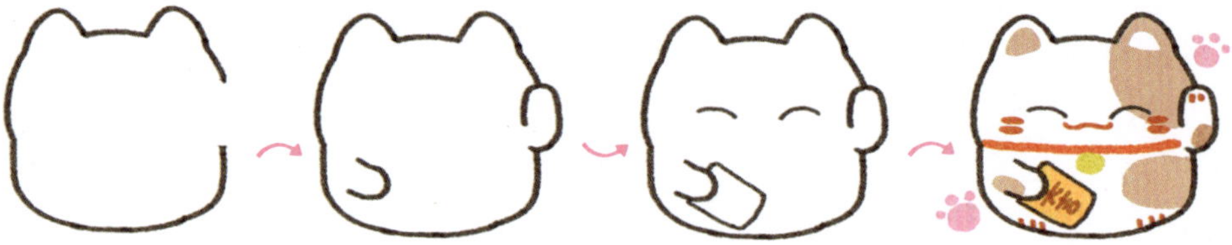

古扇

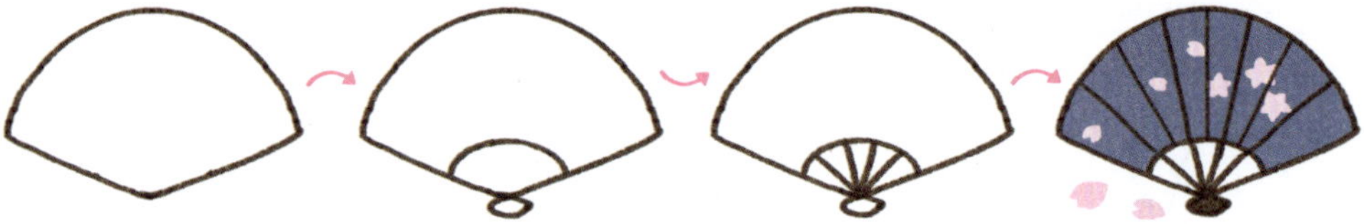

护身符

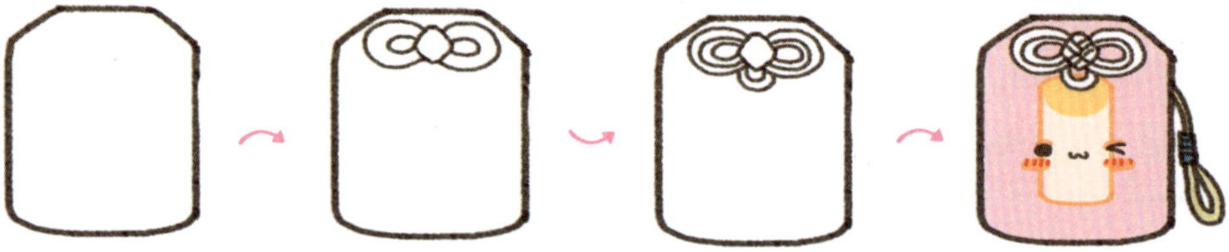

套娃

埃菲尔铁塔

牛仔帽

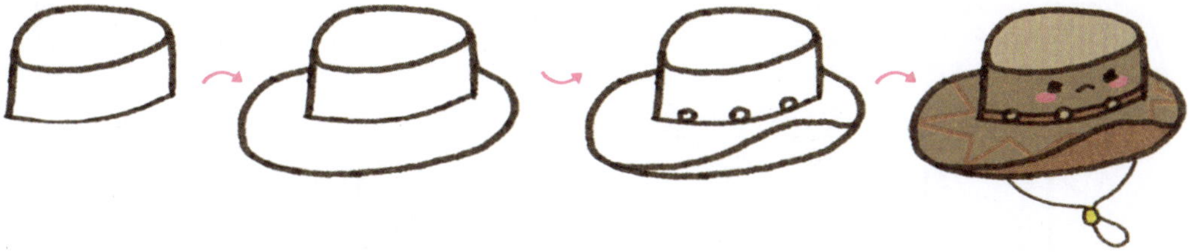

英式茶壶

非洲鼓钥匙扣

2.4 欢度佳节

红红火火过新年

在最热闹的日子里和家人团聚，大家其乐融融，一起过新年！

红包

灯笼

中国结

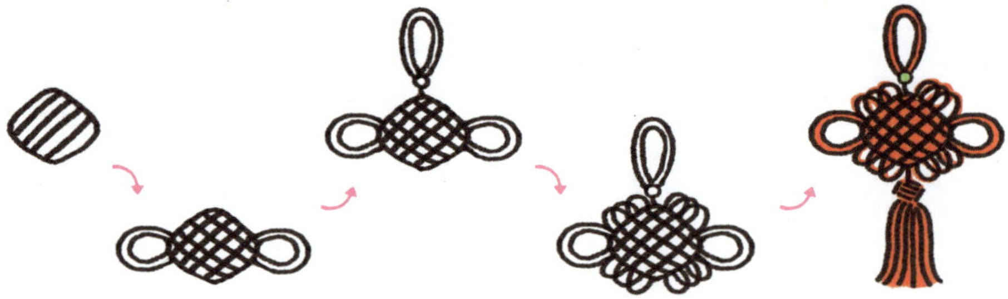

福袋

高高兴兴划龙舟

有好吃的粽子，还有刺激的划龙舟比赛，端午节真有意思呀！

粽子

香囊

雄黄酒

不给糖就捣蛋

万圣节的前夜，小朋友们扮成可爱的鬼怪出来玩耍。

南瓜灯

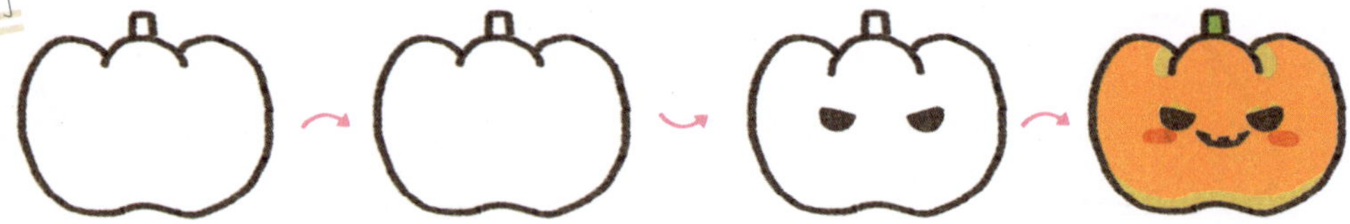

幽灵

猫头鹰

骷髅头

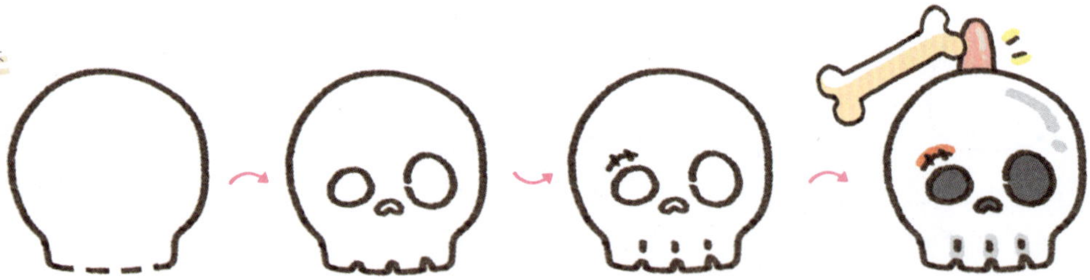

坟墓

糖果

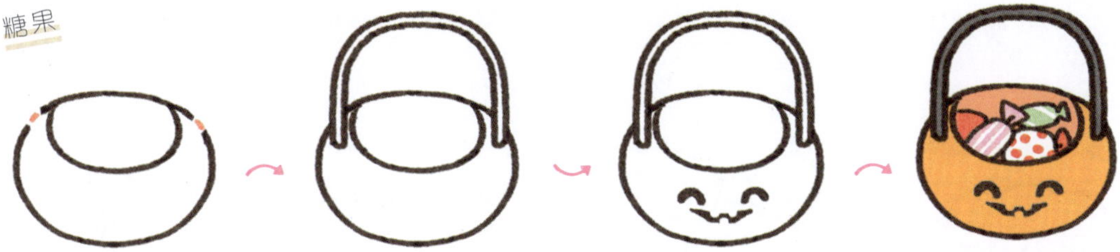

魔法药水

鬼屋

铃儿响叮当

温馨的圣诞节就快到了，让节日的氛围变得更浓烈吧。

圣诞袜

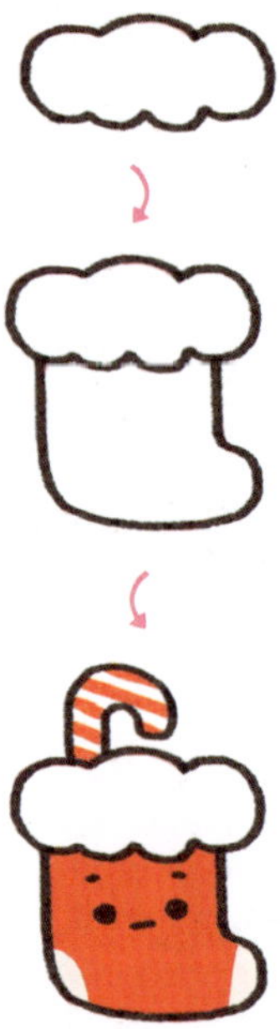

铃铛

圣诞帽

槲寄生

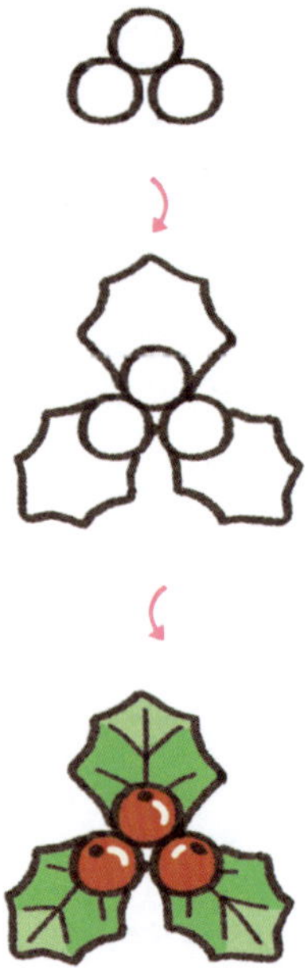

圣诞树

小雪人

礼物

水晶球

圣诞雪橇

2.5 指头观星

天气图鉴

天气与我们的日常生活息息相关，学会画不同的天气图案很实用哦！

晴天

雨天

多云

雷暴

大风

雪花

星球世界

神奇的宇宙里有好多壮丽的天文景观，一起来捕捉它们吧！

彩虹

彗星

流星雨

月亮

行星

地球家园

折叠小机关 每次翻开可伸缩的食谱小机关，都会有种期待呢！

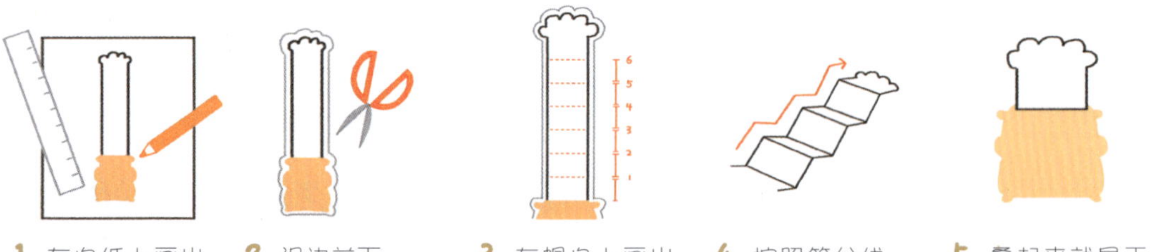

1. 在白纸上画出拉长帽子的仓鼠。
2. 沿边剪下。
3. 在帽身上画出6根等分线。
4. 按照等分线，将帽身反复折叠。
5. 叠起来就是正常的厨师仓鼠。

第三章
可爱动物合集

身边的宠物像我们的好伙伴一样，
那些体型较大的野生动物也十分可爱，
让我们一起来认识它们吧！

3.1 柔软的小动物

我来自喵星

简单几笔就能画出软乎乎毛绒绒的喵星人，看到它们以后感觉自己也变得更可爱了！

白猫

三花猫

暹罗猫

英国短毛猫

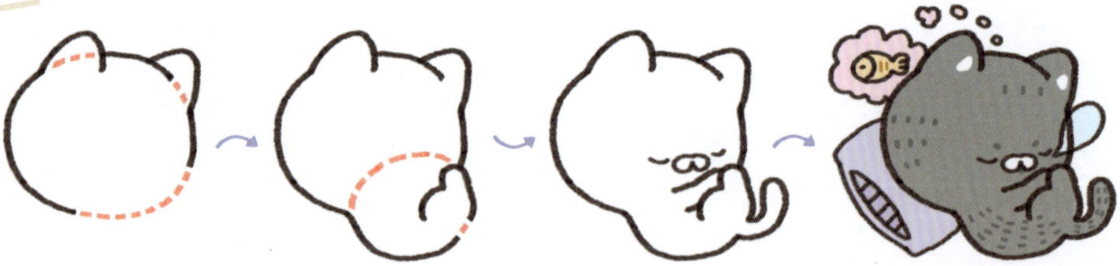

橘猫

布偶猫

狸花猫

吹风

逗猫棒

阅读

侧睡

埋头大吃

侧倚

钻纸箱

我来自汪星

让这些活泼忠诚的汪星人在我们笔下奔跑吧！

扫码看视频

秋田犬

哈士奇

柴犬

杜宾犬

金毛犬

柯基犬

巴哥犬

钻纸箱

奔跑

小憩

狗袋

啃骨头

新玩具

疲惫

我有一双翅膀

用心描绘，这些小可爱便会飞来你身边。

扫码看视频

鹦鹉

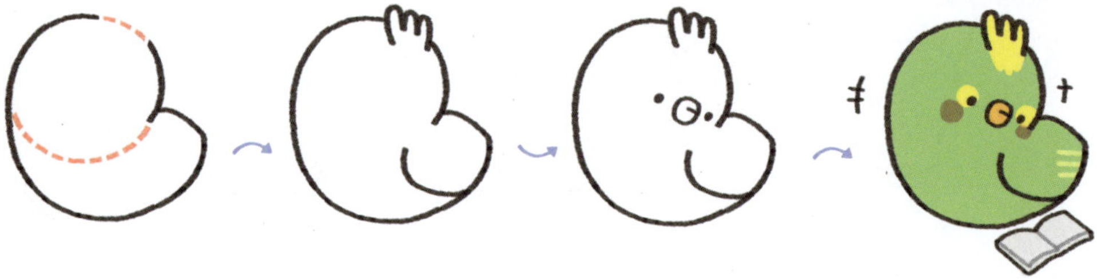

白鹅

鸭子

孔雀

鸽子

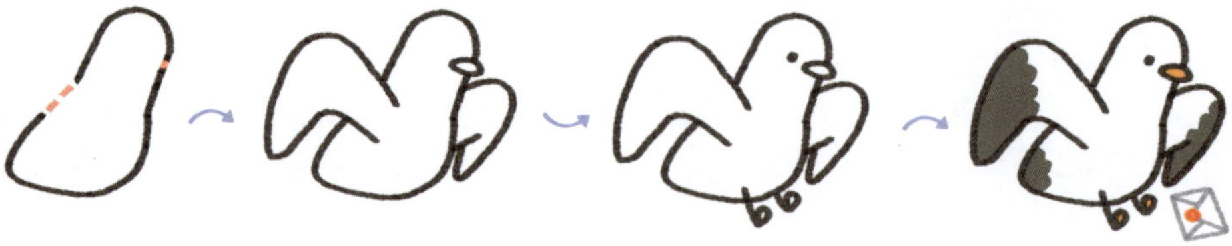

蝴蝶

蜜蜂

小兔子乖乖

兔兔这么可爱，当然要画兔兔！

白兔

垂耳兔

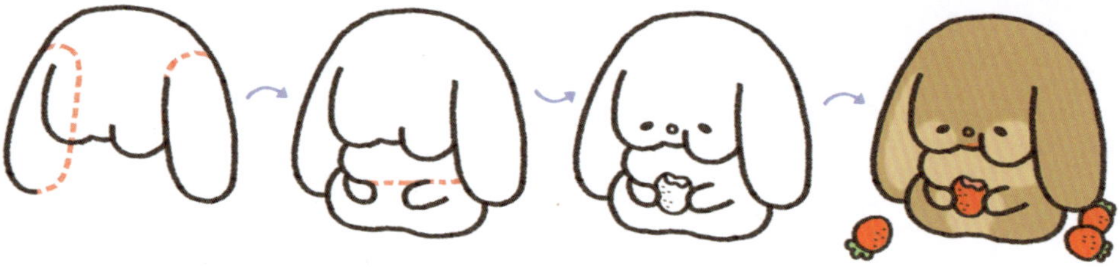

安哥拉兔

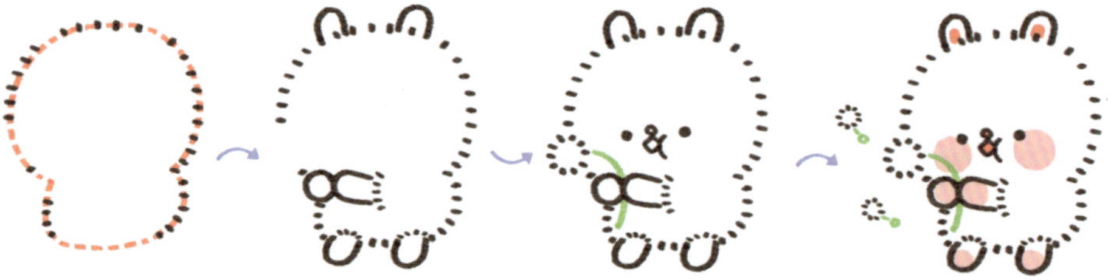

荷兰兔

仓鼠圆滚滚

毛绒绒的仓鼠又变得胖乎乎的了，是又藏了什么好吃的吗？

奶茶仓鼠

黄金仓鼠

布丁仓鼠

紫仓鼠

来玩捉迷藏

数到十，来看看小可爱们都躲在哪里呢？

躲纸箱

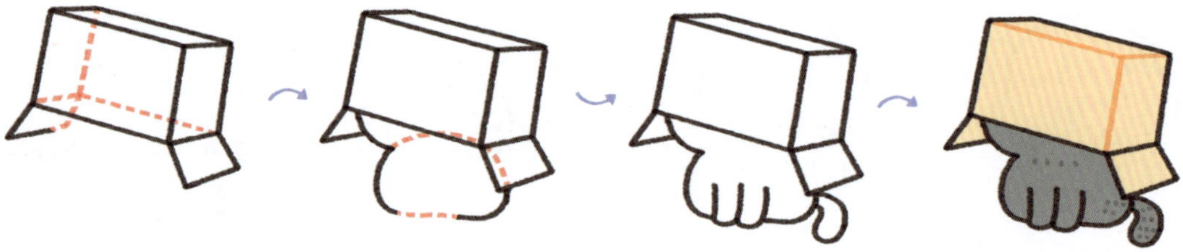

蹭毛巾

顶着书

植物开花

偷吃

3.2 狂野大自然

草原颂歌

在辽阔草原上生活的动物们，在手绘图册上也照样活泼可爱。

绵羊

牧牛

驼鹿

狮子

金钱豹

大象

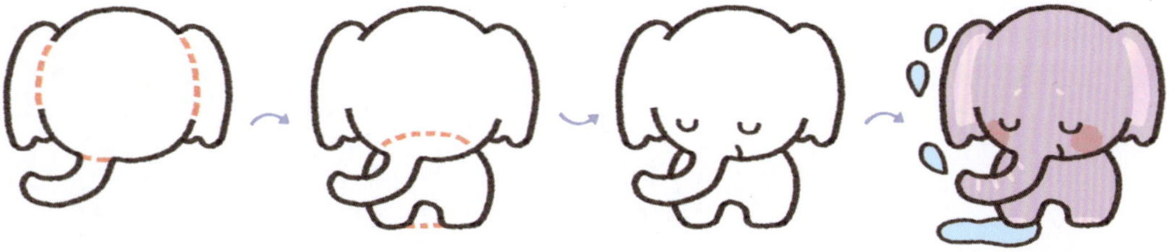

袋鼠

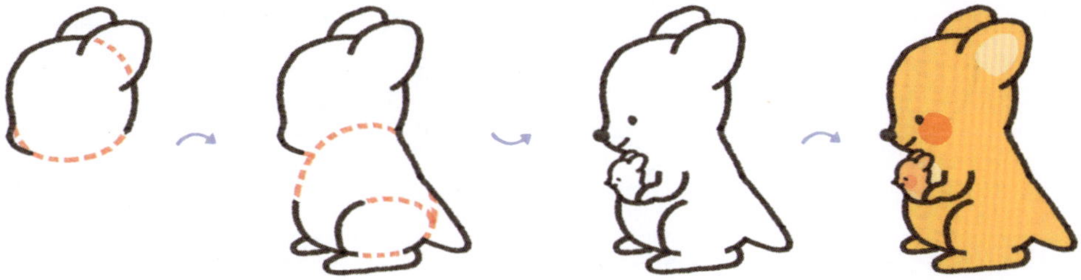

森林精灵

森林里的小动物在干什么呢，让我们一起看一看吧！

小熊猫

狐狸

梅花鹿

猴子

狼

小熊

老虎

极地冰川

住在极地的小动物是什么样子的呢，让我们画出来吧。

海豹

企鹅

雪狐

北极熊

活力海洋

和可爱的海洋生物一起游泳是多么有趣！

水母

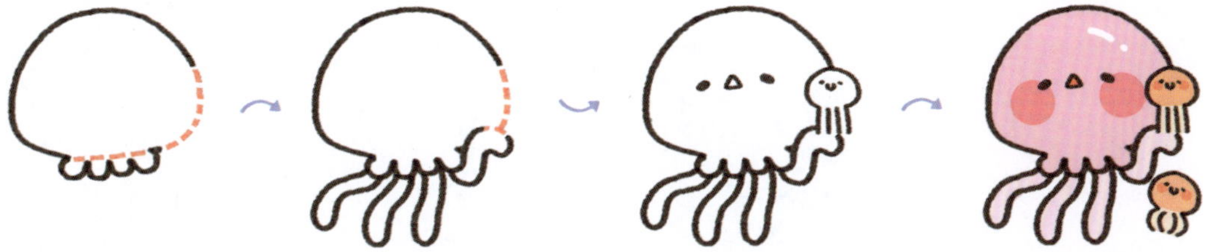

河鲀

章鱼

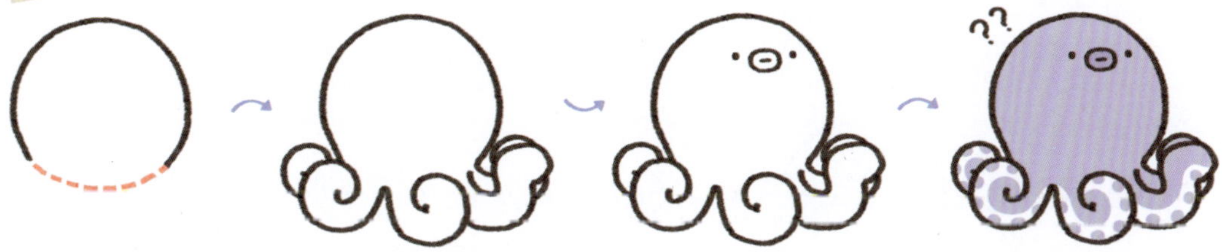

海獭

鳐鱼

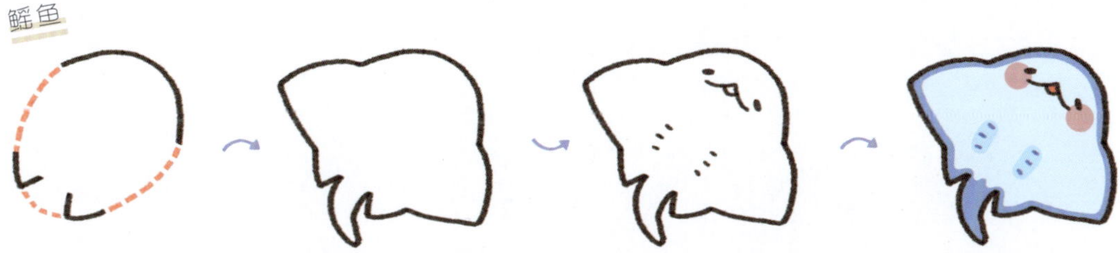

海豚

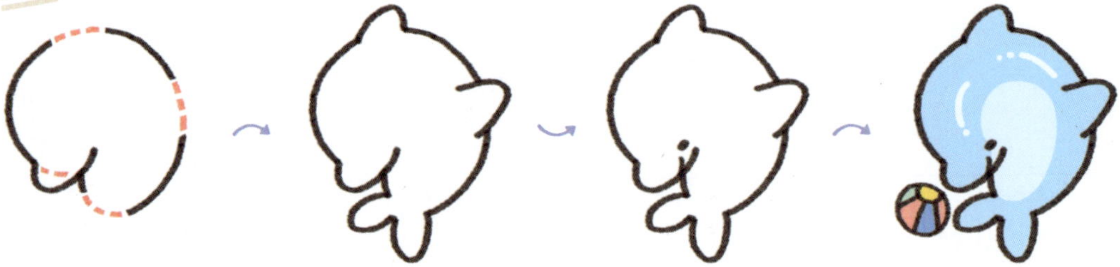

海象

3.3 软萌幻想录

好多小怪兽

童年想象出的小怪兽是陪伴我们成长的好朋友！

喷火龙

独眼豆

小飞狗

小恶魔

草团子

河童

石将军

童话精灵

童话里的小精灵会用什么样的魔法，用笔描绘一下吧！

小精灵

花仙子

独角兽

小灯神

（动物书签） 书本里藏了好多小猫咪！翻开一看，原来是有趣的创意书签！

1. 在纸上画出猫咪的头像。

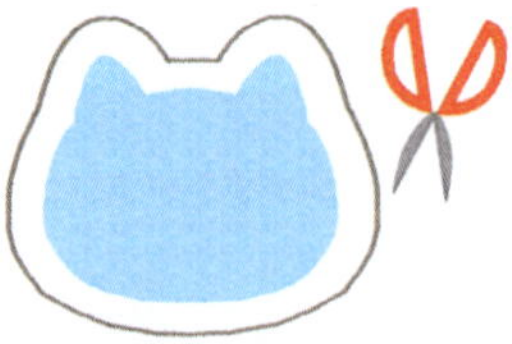

2. 沿着猫咪的外轮廓剪出宽宽的边缘。

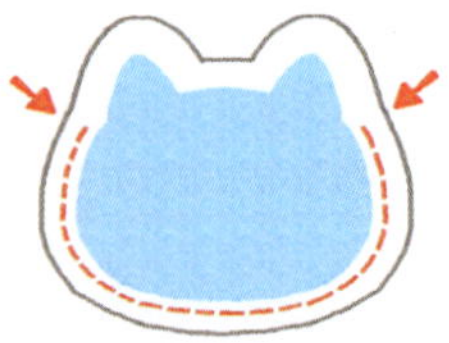

3. 以猫咪的耳朵为起止点，用小刀划一个口子，并将剪刀插入沿着边缘剪开，完成！

第四章

一切都非常可爱

漫画世界里的每个人都各具特色，
小动物们也非常有趣！用简单的手法
让它们在纸上变得活泼可爱吧！

4.1 可爱的人物

一起来拍照吧

丰富的表情是让人物变可爱的必杀技，一起来看看吧！

扫码看视频

笑嘻嘻

好生气

泪汪汪

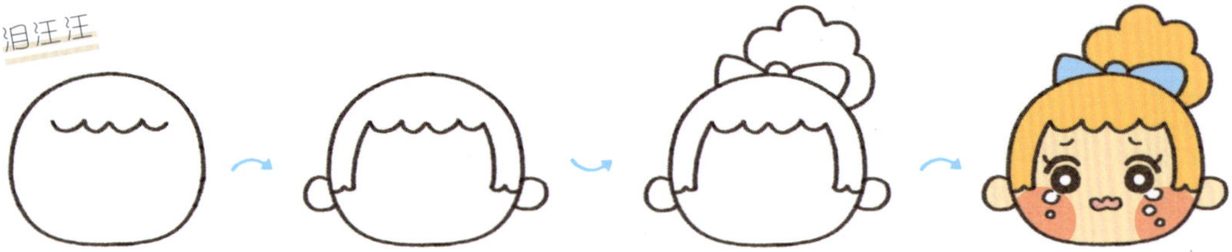

两眼放光

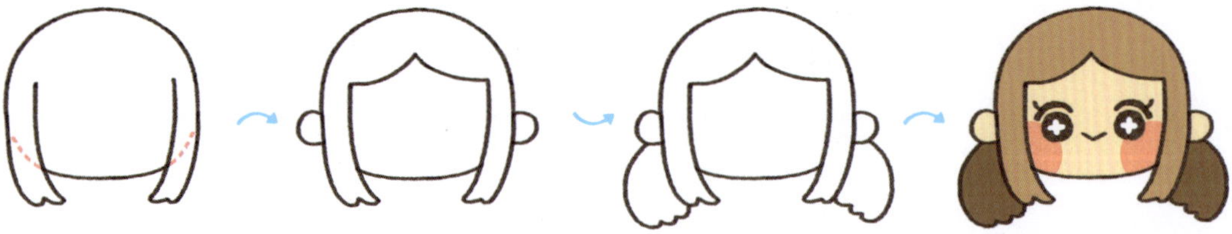

无语

疑问

耍帅

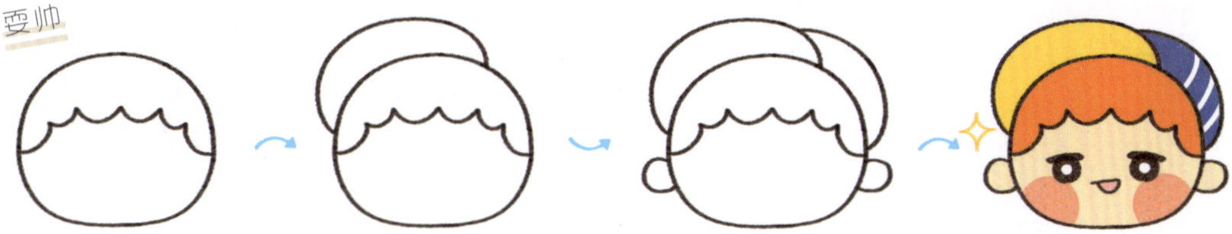

陶醉

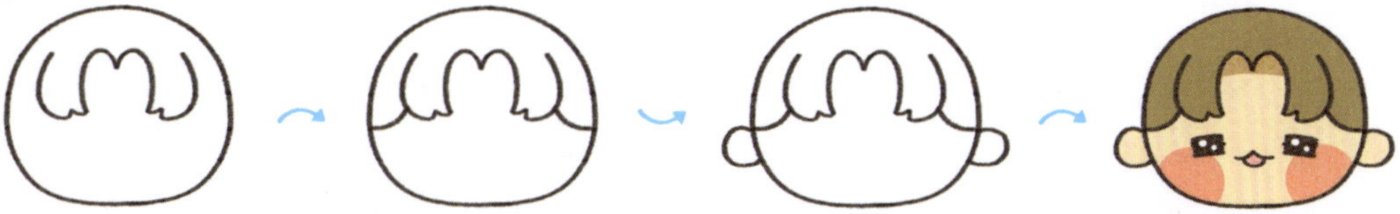

一起打球

在运动场上挥洒汗水和自信的人最可爱！

踢足球

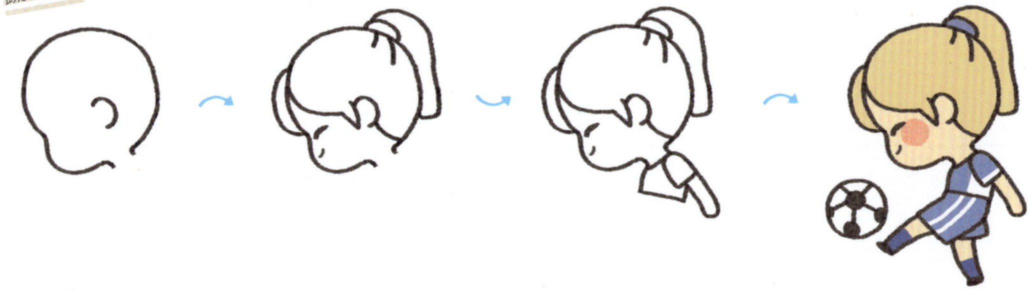

打篮球

打乒乓球

我们去游泳

带上鸭子泳圈和彩色沙滩球去游泳吧！

鸭子泳圈

游泳

冲浪

野餐时光

这样的好天气，不如我们带上便当去小山坡树荫下野餐呀！

穿上裙子

拿上包包

注意防暑

准备美食

聚餐

4.2 好看的衣服

多变的职业

三百六十行，个个都可爱！

护士

空姐

送餐员

学生制服

学生制服是青春时代的标志之一。

中国校服

日式制服

欧美制服

应季穿搭

春夏秋冬四个季节，每天都是小仙女！

春装

夏装

秋装

冬装

我型我秀

独特的风格使人散发独特的魅力！

古风服装

洛丽塔

哥特

法式复古

森系

嘻哈

4.3 热闹的聚会

生日派对

送出精心准备的礼物，然后说一句生日快乐。

许愿

分蛋糕

拆礼物

化装舞会

神秘的面具，华丽的礼服，让你猜猜我是谁？

舞会面具

玩偶服装

可爱头饰

《魔法会议》

想知道变可爱的咒语吗，附耳过来。

老巫师

魔药师

魔法兔子

飞天小猫

魔法对决

睡衣派对

虽然已经换上了舒适的睡衣，还是舍不得今晚就这么结束。

小熊睡衣

趴在球上睡着啦

睡不醒的兔子

抱鱼玩偶的猫

枕头大战

4.4 浪漫童话

灰姑娘

精美的裙角和梦幻的水晶鞋，千万不要忘记十二点的时间喔！

辛德瑞拉

仙女教母

南瓜马车

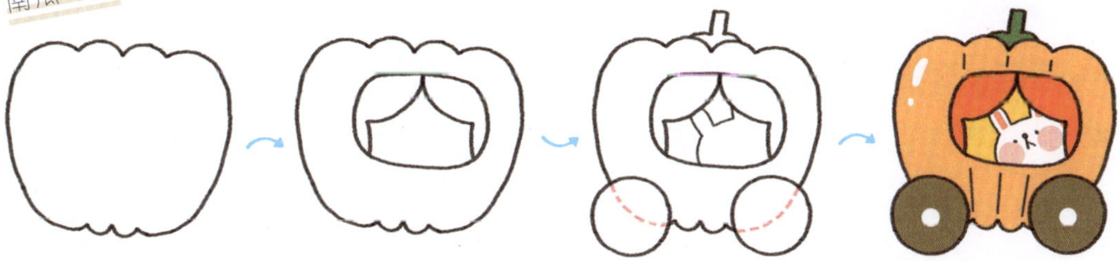

胡桃夹子

不用害怕，你的身边有一位勇敢的胡桃夹子先生一直保护着你！

胡桃夹子国王

胡桃夹子士兵

老鼠国王

小红帽

带着好吃的点心和甜美的葡萄酒去看外婆，路上要小心大灰狼哦！

小红帽

大灰狼

狼外婆

绿野仙踪

历经冒险之后才发现，美好的愿望都是靠自己实现的！

多罗西

稻草人

铁皮人

爱丽丝梦游仙境

神秘梦幻的仙境也许就是我们眼前的这个兔子洞呢。

爱丽丝

红皇后

兔子先生

立体卡片

依靠小机关的串联作用，你也能做出精美的立体卡片！

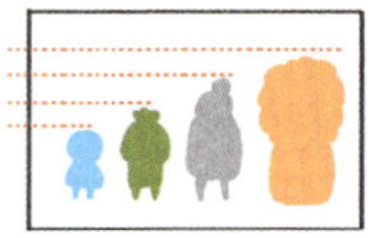

1. 画出不同身高的形象。

2. 裁剪时底部留出一段距离。

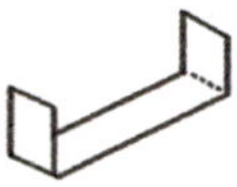

3. 准备几条折成“凹”字形的纸条。

4. 用纸条和胶水将人物粘连在一起。

5. 最后将串联的人物粘在卡纸上，完成。

第五章

萌萌的字体与边框

把文字与可爱的简笔画结合在一起，
传达出你心底的声音，再加上多样的边框，
感觉非常可爱，不是吗？

5.1 可爱的文字

中文合集

把温暖又简单的短语转变为可爱的图画与文字，十分实用。

日常用语

祝福语

英文合集

在简笔画的世界里，英文也可以变得很有创意！

日常用语

祝福语

5.2 实用的边框

简单边框

简单可爱的物品排列起来就可以变成有趣漂亮的边框哦！

植物边框

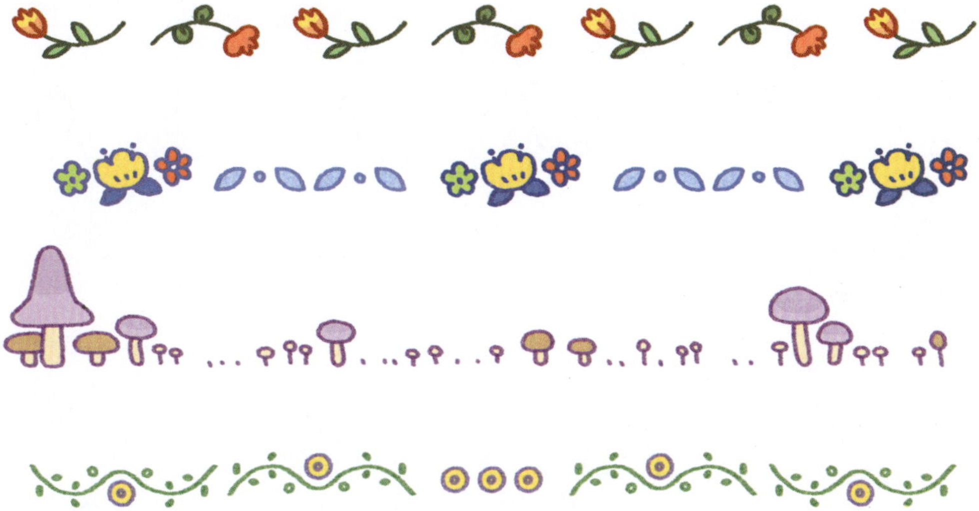

食物边框

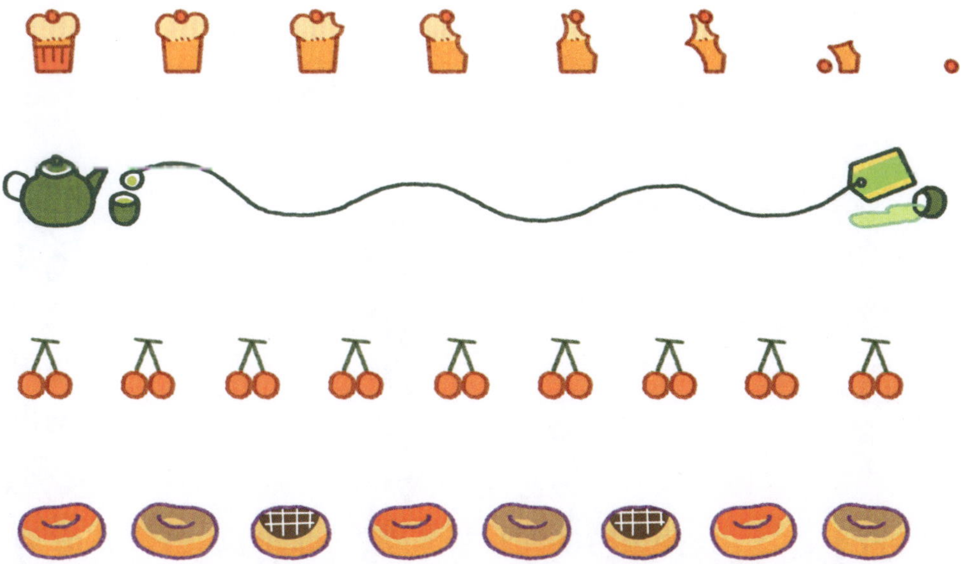

动物边框

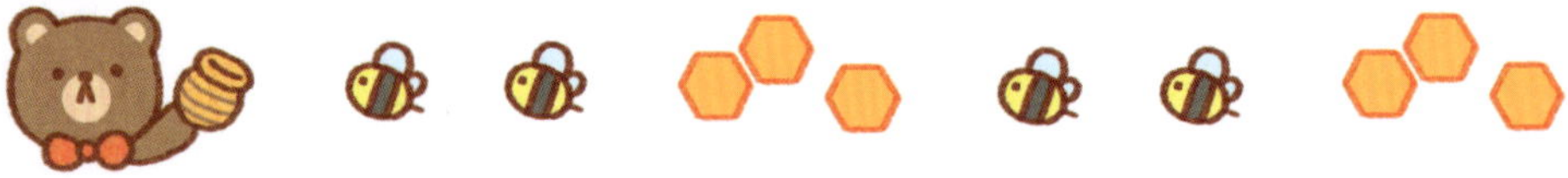

环形边框

创意边框

边框不仅仅包含花边条框，留白的简笔画也可以作为可爱的边框！

便签边框

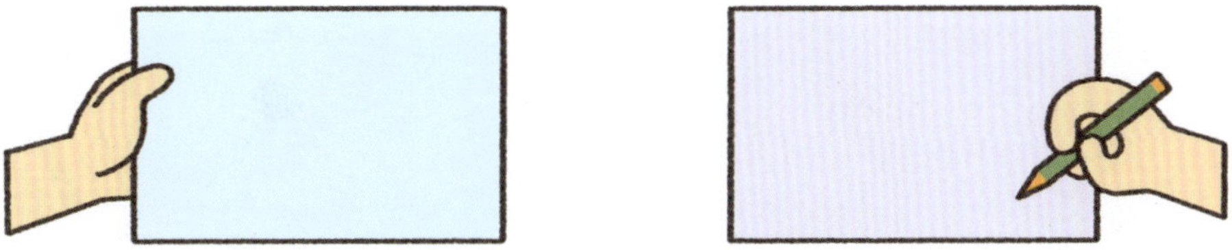

动物边框

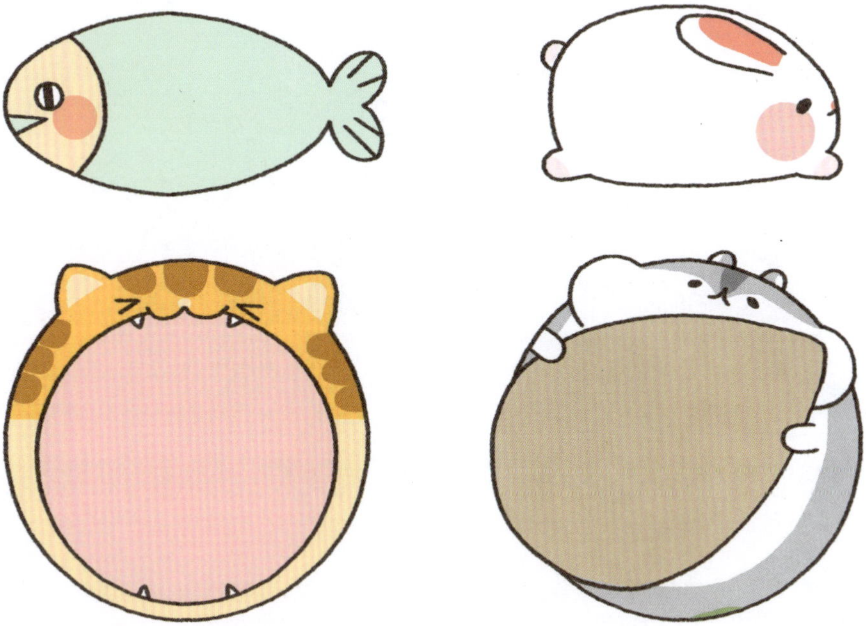

水果边框

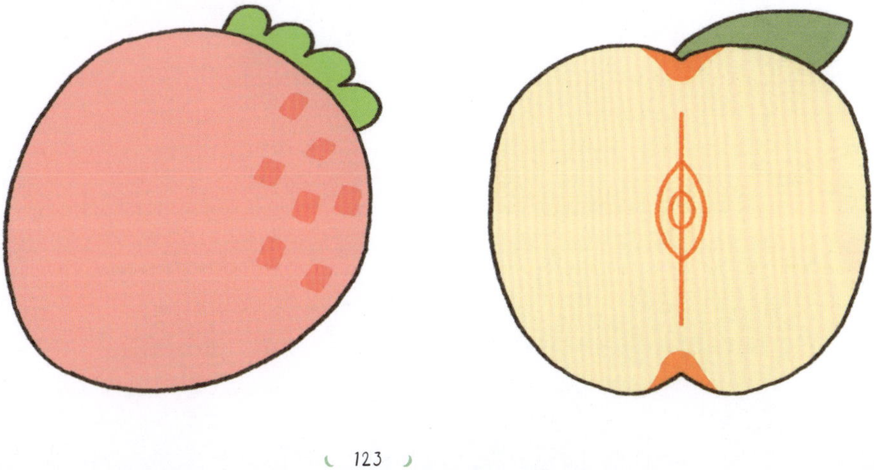

旋转电话簿 将圆形旋转到一定的角度，就能组成一张完整的图画！

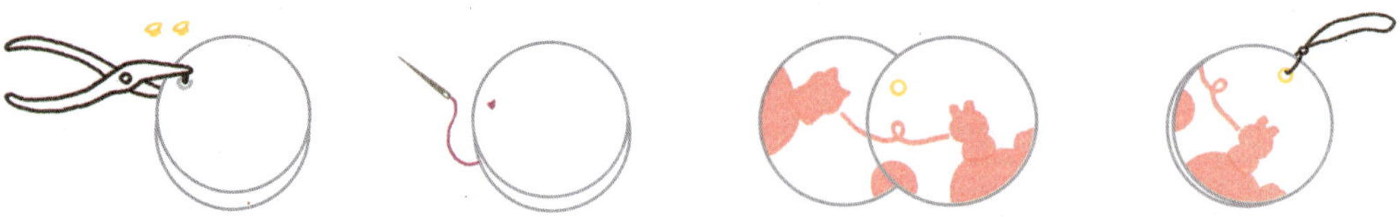

1. 用打孔器在圆形纸片上打好孔。如果没有打孔器，还可以用针线将圆形纸片串在一起。

2. 将两个圆旋转到一定的角度，画出关联的图案。

3. 最后用麻绳装饰。

附录

更多看完就会画的可爱素材，

快来给它们涂上颜色吧！